La b[illegible]

MW01712512

Une histoire écrite par
Katia Canciani
et illustrée par
Julie Deschênes

À ma filleule Julianne
Katia
À Félix
Julie

cheval masqué

Catalogage avant publication de Bibliothèque et Archives nationales du Québec et Bibliothèque et Archives Canada

Canciani, Katia, 1971-

La bataille d'oreillers

(Cheval masqué. Au pas)
Pour enfants de 6 à 10 ans.

ISBN 978-2-89579-431-8

I. Deschênes, Julie, 1980-. II. Titre. III. Collection: Cheval masqué. Au pas.

PS8605.A57B372 2012 jC843'.6 C2011-942585-8
PS9605.A57B372 2012

Dépôt légal – Bibliothèque et Archives nationales du Québec, 2012
Bibliothèque et Archives Canada, 2012

Direction : Andrée-Anne Gratton
Révision : Sophie Sainte-Marie
Graphisme : Janou-Ève LeGuerrier

Nous reconnaissons l'aide financière du gouvernement du Canada par l'entremise du Fonds du livre du Canada (FLC) pour des activités de développement de notre entreprise.

Conseil des Arts du Canada | Canada Council for the Arts

Bayard Canada Livres inc. remercie le Conseil des Arts du Canada du soutien accordé à son programme d'édition dans le cadre du Programme des subventions globales aux éditeurs.

Cet ouvrage a été publié avec le soutien de la SODEC. Gouvernement du Québec – Programme de crédit d'impôt pour l'édition de livres – Gestion SODEC.

Bayard CANADA

Bayard Canada Livres
4475, rue Frontenac, Montréal (Québec) H2H 2S2
Téléphone : 514 844-2111 ou 1 866 844-2111
Télécopieur : 514 278-0072
edition@bayardcanada.com
bayardlivres.ca

Imprimé au Canada

Chapitre 1

JOURNÉE PYJAMA

Sophie possède douze roches spéciales. Elle collectionne aussi tout ce qui a un koala dessus. Elle a même une photo d'elle avec un vrai koala dans les bras.

Mais ce qui fait que Sophie est unique, c'est quelque chose qu'elle ne peut pas perdre ni donner. C'est son oreille gauche. Son oreille en forme de cœur ! Grâce à cette oreille, Sophie réussit toujours à arrêter les batailles entre ses amis.

Durant la période de lecture, l'oreille gauche de Sophie se met à trembler.

« Une oreille frémissante, c'est le signe d'une bataille naissante ! » pense Sophie. Elle regarde autour d'elle. Tout le monde lit sagement à son pupitre.

Aujourd'hui, c'est une «journée pyjama». Madame Patricia a permis aux élèves d'apporter une collation spéciale et leur oreiller. Après le dîner, ils écouteront un film.

Un petit papier plié atterrit sur le bureau de Sophie. Elle le déplie et elle lit :

Chapitre 2

DES PETITS COUPS

Sophie relit le message. Une bataille d'oreillers, ça pourrait être drôle !

William chuchote :

— Psitt ! Madame Bataille, passe le papier…

« Madame Bataille », c'est le surnom de Sophie. C'est le surnom que lui ont donné les élèves le jour où elle a arrêté sa première bataille.

Sophie hésite. Julianne est son amie. Mais Odessia n'a presque personne dans son équipe.

Que faire ?

Sophie essaie de voir la situation autrement. Elle se penche vers Julianne :

— Et si quelqu'un se faisait mal ?

Son amie répond :

— On va juste se donner des petits coups.

— Des petits coups, c'est tout ! promet Odessia.

Leur enseignante déclare :

— Silence, si vous voulez voir *Le dragon des neiges* !

Julianne veut amuser ses amis. Elle murmure :

— De la neige, je peux en faire sortir de mon oreiller…

Chapitre 3

EN PANNE D'IDÉES

À midi, la cloche du dîner sonne. Les élèves ne parlent que de la bataille d'oreillers.

— Je sais qui je vais frapper en premier, dit Odessia.

— C'est mieux de ne pas être moi, prévient Flavie.

— En tout cas, moi, je vais taper fort ! annonce William.

Un premier bouton apparaît sur l'oreille de Sophie. C'est inquiétant. Un bouton, ça veut dire que la tension monte entre ses amis.

D'ailleurs, William est déjà en train de donner des coups à Julianne avec sa boîte à lunch. Madame Bataille sent que ça va mal tourner.

Pendant la récréation, Sophie réfléchit. Comment éviter cette bataille ? Pour brasser ses idées, elle marche à reculons. Elle ferme un œil. Elle se bouche le nez. Rien ne fonctionne ! Elle est en panne d'idées !

De retour en classe, Sophie demande à ses amis de laisser leur oreiller dans leur casier. Évidemment, personne ne lui obéit !

Madame Patricia annonce que le film va commencer. Elle prévient les élèves :

— Si l'un de vous fait des bêtises, j'arrêterai le film.

— On ne verra pas la fin ! chuchote Julianne.

— C'est certain ! ricane William.

Chapitre 4

ÇA COMMENCE !

Pendant les trente premières minutes du film, tout va bien. Par terre, plusieurs élèves sont couchés sur leur oreiller. Certains ont déjà mangé leur collation.

Sophie tient son immense sac de pop-corn dans ses bras. Elle ne l'a pas encore ouvert.

Puis William n'en peut plus. De toute façon, il a déjà vu le film ! Il donne un coup d'oreiller sur la tête de Julianne.

Julianne veut maintenant voir le film jusqu'au bout. Elle ordonne:

— Arrête!

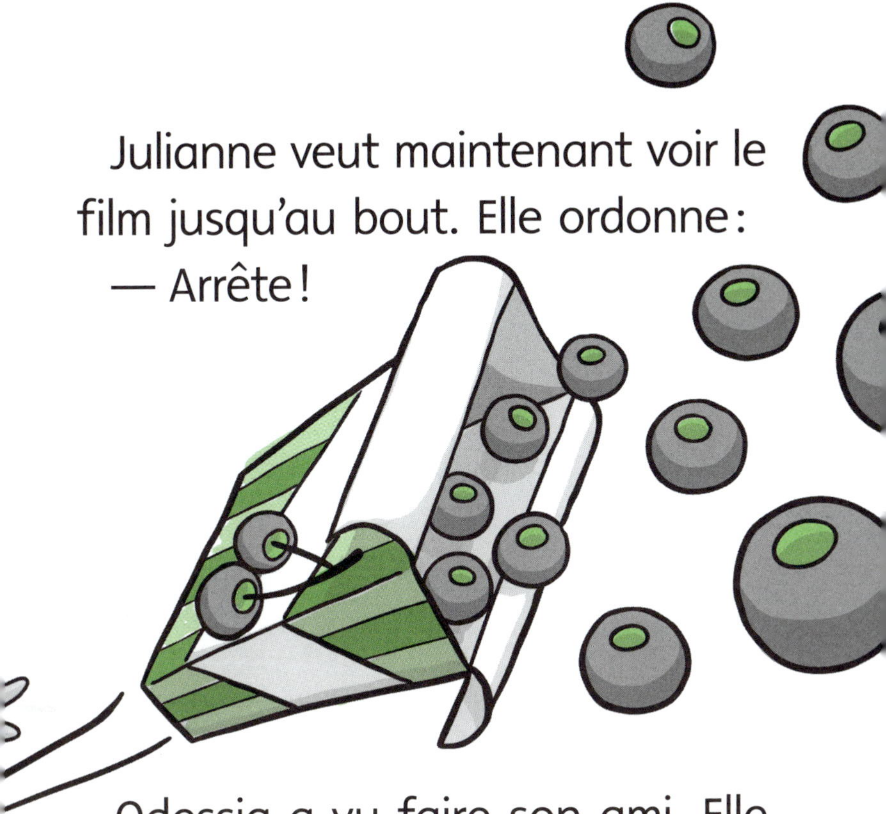

Odessia a vu faire son ami. Elle donne à son tour un coup d'oreiller dans le dos de Flavie. La fillette échappe son paquet de bonbons. Elle se plaint:

— Aïe! ce n'est pas drôle!

Madame Patricia corrige des dictées à son bureau. Elle lève les yeux et observe ses élèves. D'un air sévère, elle demande :

— Que se passe-t-il ?

Personne n'ose répondre.

Chapitre 5

ET ÇA CONTINUE...

Dès que madame Patricia se replonge dans les dictées, les coups d'oreiller reprennent... Ils sont de plus en plus forts.

L'oreille de Sophie se couvre de boutons.

Flavie ramasse ses bonbons un à un. Odessia en profite pour lui donner un coup d'oreiller sur la main. Les bonbons roulent partout. William se dépêche de les manger.

Flavie rouspète :

— Vous êtes méchants.

Julianne s'impatiente :

— C'est la meilleure partie du film. Arrêtez !

Mais plus rien ne va.

Dans la classe, il y a désormais deux camps : ceux qui écoutent le film et ceux qui donnent des coups d'oreiller.

Sophie doit absolument trouver une solution. Elle se frotte l'oreille gauche. Ça l'aide toujours à se concentrer.

Un oreiller atterrit sur sa tête.

— Je ne joue pas! proteste madame Bataille.

Au même moment, elle a une idée!

Madame Patricia se lève et elle recule sa chaise bruyamment.

— Si vous êtes incapables de regarder un film… commence-t-elle.

Sophie lève la main. Elle dit :

— J'ai une idée, pour les oreillers…

Chapitre 6

Vive les J.O. !

Sophie déclare :

— On pourrait organiser des jeux d'oreillers à la fin du film, si tout le monde était sage.

Les élèves sont intrigués.

— Des jeux d'oreillers ? C'est quoi, ça ? demande William.

Sophie explique :

— Ce serait comme des Jeux olympiques, mais avec des oreillers…

— Avec une course de relais d'oreiller ? propose Julianne.

— Et le lancer de l'oreiller… ricane Odessia.

— On pourrait aussi faire un concours de la plus haute tour d'oreillers, suggère Flavie.

Madame Patricia n'est pas convaincue. Elle note cependant que toute la classe s'est calmée.

— Hum ! je suis prête à vous donner une dernière chance. Si tout se passe bien, nous irons ensuite au gymnase...

Les élèves écoutent la fin du film en silence. Puis ils se mettent en rang avec leur oreiller.

— On fait des équipes ? suggère Odessia.

— Qu'est-ce qu'on gagne ? demande William.

— Mon pop-corn ? offre Sophie.

— Du pop-corn, c'est ordinaire… remarque Julianne.

Madame Bataille sourit :

— Ordinaire ? Pas du tout ! C'est du pop-corn au chocolat !

Les jeux d'oreillers connaissent un succès fou. Les élèves de la classe de madame Patricia n'ont jamais autant ri.

Lorsque l'équipe d'Odessia remporte la médaille d'or, elle partage le pop-corn avec toute la classe.

— Finalement, des jeux d'oreillers, c'est mieux qu'une bataille, dit Julianne.

Sophie est heureuse. Son oreille en forme de cœur rougit de bonheur.

Sophie prend son journal. Elle écrit :

Aujourd'hui, le 17 avril

on a écouté un super bon film : *Le dragon des neiges.*

La bataille d'oreillers a été évitée. Vive les jeux d'oreillers !

FIN

Voici les livres AU PAS de la collection :

☐ **Casse-toi la tête, Élisabeth !**
de Sonia Sarfati et Fil et Julie

☐ **La bataille au sommet**
☑ **La bataille d'oreillers**
☐ **La grande bataille**
de Katia Canciani et Julie Deschênes

☐ **La famille Machin-Chouette en forêt**
☐ **La famille Machin-Chouette en ville**
de Paule Brière et Rémy Simard

☐ **La soupe de grand-papa**
☐ **Le livre de grand-papa**
☐ **Un quêteux chez grand-papa**
de Francine Labrie et Marc Mongeau

☐ **Le chat de madame Sonia**
de Marie Christine Hendrickx et Louise Catherine Bergeron

☐ **Le monstre de Chambouleville**
de Louise Tidd et Philippe Germain

☐ **Le roi Gédéon**
de Pierrette Dubé et Raymond Lebrun

☐ **Mange ta soupe, Marlou !**
de Marie Christine Hendrickx et Julie Cossette

☐ **Ma grand-mère Gaby — Ma petite-fille Flavie**
☐ **Mon frère Théo — Ma sœur Flavie**
☐ **Mon prof Marcel — Mon élève Théo**
de France Lorrain et André Rivest

☐ **Marie-Ève, chasseuse de rêves**
de Sonia Sarfati et Lou Victor Karna

☐ **Où est Tat Tsang ?**
de Nathalie Ferraris et Jean Morin

☐ **Plus vite, Bruno !**
de Robert Soulières et Benoît Laverdière

☐ **Qui a volé le bâton de hockey ?**
de Sharon Jennings et Jean Morin

☐ **Un crapaud sur la tête**
de Stéphanie Déziel et Geneviève Després

☐ **Une histoire de pêche looooooooooongue comme ça !**
de Robert Soulières et Paul Roux

Lesquels as-tu lus ? ☑